Des mots et des maux...

L'AUTEUR

Pierre Cléon est né un beau jour de mars 1941, en Normandie. Passionné dès son plus jeune âge par la littérature, c'est vers la poésie qu'il se tourne quelques années plus tard, en découvrant les merveilles de Paul Fort, Gustave Flaubert, ou encore Georges Brassens et Jacques Brel. Soutenu particulièrement par son épouse et sa famille, il se consacre aujourd'hui entièrement à sa plume, subtilement inspirée dans un style simple et fluide, et en parfaite harmonie entre la forme et le fond.

PIERRE CLÉON

Des mots et des maux...

POÉSIE ET PROSE

L'PM ÉDITIONS

Tous les textes présents dans ce recueil sont la propriété exclusive de l'auteur.

Photo de couverture :
© 2008, Christian Sarbach

© 2015, Pierre Cléon

© 2015, L'PM Éditions pour la première édition.

ISBN : 978-2-9544815-5-5

LETTRE OUVERTE

Toi qui lis mes poèmes,

Que je ne connais pas,

Dis-moi comment vis-tu,

Dans tes rêves dans tes nuits,

Qui es-tu ? Où es-tu ?

Dans un pays lointain,

Tu as peut-être faim,

Est-ce que la vie est belle pour toi ?

Oui vis-tu un mal être ?

Moi j'en perds mon latin,

Dans ma plume il y a un peu de moi,

Sache que j'aimerais,

Te connaître mieux mais

C'est impossible et la distance,

Fait que nous ne pouvons

Pas nous rencontrer,

Ironie du sort, si tu aimes ma plume

Et que tu la trouves belle,

Sans arrière-pensées,

Tu es une autre muse,

Qui me permet d'écrire;

Dis-moi en quel pays,

Tu as bien vu le jour,

Aussi le nom des fleurs,

Qui sentent bon l'amour,

Et poussent dans les cours,

Recherches-tu le bonheur,

Si tu me dis tout cela,

Je te connaîtrai mieux,

Sans te connaître vraiment,

Dis-moi comment tu vis

As-tu connu l'ennui,

D'une misérable vie?

Ou es-tu roi es tu reine,

D'un pays ou le sable,

Est plus chaud et le vent,

Sait fabriquer les dunes?

Qui que tu sois j'écris pour toi,

Et aussi pour moi, c'est un besoin d'écrire,

Tous ces alexandrins, rimes, enjambements,

Et autres proses rimées,

Dans l'air du temps,

Peut-être à la recherche d'un temps perdu !

ESSAI SUR LE BONHEUR

Moi je voudrais savoir, qu'est-ce que le bonheur ?
Car c'est un sujet qui, me tient vraiment à cœur,
Est-il là bien présent ou dans un autre monde,
Est-il réservé à, ceux qui ont de bonnes ondes ?
Se trouve-t-il ici-bas dans notre vie tout près ?
On le dit dans les champs, dans le cœur dans le pré,
À ces questions posées, je n'aurai pas réponse,
J'ai peur de me piquer dans un grand champ de ronces,
Certains n'y ont pas droit, d'autres en bénéficient,
Allez savoir pourquoi, il n'est pas loin d'ici,
Cherchez-le trouver le, il est parmi les gens,
 Il se cache parfois dans ce monde affligeant,
Je souhaite que le bonheur éclaire mon chemin,
À condition que vous, me donniez votre main,
À chaque jour sa peine et son bonheur du jour.

VA OÙ LE VENT TE POUSSE

Va où le vent te pousse,
Va où le vent te mène,
Vois comme la vie est douce,
Lorsque le vent t'entraîne ;

Tu seras capitaine,
Et sur ta goélette,
Si le vent se déchaîne,
Va-t'en à l'aveuglette ;

Profite encor longtemps,
Des portes du destin,
Qui t'apportent un instant,
Ces délicieux matins ;

Va où le vent te mène,
Vois comme la vie est douce,
Lorsque le vent t'entraîne,
Lorsque le vent te pousse,

Dans danse ma belle,
Je vois que le vent lève,
Danse douce Isabelle,
Petite fille d'Ève,

Et que ton sang s'enflamme
Quand on dit liberté
Quitte à perdre ton âme,
Pour un dernier été.

L'HOMME EST UNE ÎLE

L'homme est solitaire sur son île,

Il sait qu'il sera immobile,

Un jour ou l'autre alors bouge-toi,

Matelot hisse comme il se doit

Ton mat, le temps s'immobilise,

Je vois que ton ancre s'enlise,

Va vite découvrir le monde,

Et oublie ta jolie blonde,

Avant que ta coque ne rouille,

Que les lumières se brouillent,

Pars avant que la mer descende,

Je sens que les cordes se tendent,

Il faut te bouger aller voir,
Tu ne peux pas nous décevoir,
Le capitaine est maître à bord,
File bâbord file tribord,

Tu seras un jour immobile,
Immobile tout seul sur ton île,
Comme nous le serons tous un jour,
L'île est un point de non-retour.

ROUEN LA VILLE AUX CENT CLOCHERS

C'est dans la ville aux cent clochers,
Sur la place du vieux marché,
Que fut bien dressé le bûcher,
Quand je passe près de l'évêché,
Je vois la nuit comme du phosphore,
Le fantôme de Jeanne erre encore ;

Capitale de la Normandie,
À toi ce poème je dédie,
Entourée du pays de Caux,
Avec ses marchés aux bestiaux,
Pays de Bray et du Vexin,
Le refuge des moines capucins ;

Comme tu as souffert bonne ville,
De nos jours tu es plus tranquille,
Jeanne d'Arc est réhabilitée,
Tout le monde vient te visiter,
Découvre ainsi le temps passé,
Les larmes que tu as versées ;

Occupée par les hommes du nord,
Tu as failli perdre le nord,
Quand ils t'ont cédé aux Normands,
Plus tard ce fut les Allemands,
C'est bien là que Flaubert est né,
Nous l'avons fêté cette année,

Son musée est à Dieppedale,
Madame Bovary quel scandale,
Près de la Seine qui serpente,
Mais une seule idée la hante,
Aller se perdre dans la mer,
À la grande joie des steamers,

La rencontre le mascaret,
Ressemble à un raz de marée,
Patrie des frères Corneille,
Ces deux auteurs quelle merveille,
Sans oublier notre ami Guy
De Maupassant pas loin d'ici,

Ni André Raimbourg dit Bourvil,
Notre champion Jacques Anquetil,
De Boieldieu, d'Armand Carrel,
De Géricault à Fontenelle,
De Francis James à Verhaeren,
Ils t'ont tous conté comme une reine,

Capitale de la Normandie,
À toi ce poème je dédie,
Tu es un vivier de poètes,
Et je le crie fort à tue-tête,
« Rouen ma ville aux cent clochers",
À toi je reste bien attaché.

SITU ÉTAIS...

Si tu étais le jour, je te reconnaîtrais,

Car je serais la nuit,

Si tu étais un astre, je te ferais rêver,

Car je serais la lune,

Si tu étais l'hiver, je te réchaufferais,

Car je serais l'été,

Si tu étais le loup, moi je serais l'agneau,

Et qui sait un grand frère,

Si tu étais zéphyr, je te reconnaîtrais,

Car je serais tempête,

Si tu étais lumière, moi qui ne suis que d'ombre,

Je serais ton amant,

Si tu étais musique, je serais ton silence,

Ou ton accord parfait,

Si tu étais la rime,

Moi je serais le pied, l'enjambement heureux

De tes phrases harmoniques,

Si tu étais la rose, je serais le parfum,
Qui sent bon sur ta peau,
Si tu étais la plume, je serais un doux vent,
Qui t'apporte son souffle,
Si tu étais l'écume, je serais une eau vive,
Éternelle qui ruisselle,
Si tu étais désert, pour te désaltérer,
Je serais l'oasis,
Si tu étais sanglot, moi je serais la larme,
De tes amours défuntes,
Si tu étais le vers, je serais la mesure,
De tes alexandrins,
Peut-être le vers libre sans repos ni césure,
Au rythme des passions,
De ton cœur qui bat fort, et de ta fantaisie,
Mais ton charme est si doux que,
Tu n'es que le début de cette histoire sans fin…

HOMMAGE À GEORGES BRASSENS

Elles sont à toi ces quelques lignes,

Et je dis que tu en es digne,

Le passeur vers les belles lettres,

Qui fit partager son mal-être,

Du fond de l'impasse Florimont,

Plein de fleurs du côté poumon,

Toi qui as rempli tant de pages,

Tu vivais comme au moyen âge,

Tout en allant compter fleurette,

À Margot, Fanchon la cousette,

Leur récitant du Baudelaire,

Il y avait du Trenet dans l'air,

Toi qui nous parlais des grisettes,
Sur ton bateau l'enfant de Sète,
De Jeanne et d'la fille à cent sous,
Quand t'étais dans » le troisièm'dessous »,
D'la camarde et du temps qui passe,
Rastignac du p'tit Montparnasse,

Toutes tes pensées libertaires,
Très singulières et salutaires,
De nos jours restent pertinentes,
Tu es un fantôme qui nous hante,
 « Gloire à Dieu au plus haut des nues »,[1]
 « Lanturlurette lanturlu ».[2]

---

[1] Référence à Paul Fort
[2] Référence à Georges Brassens

JE ME SOUVIENS ENCOR DE VOUS

Je me souviens encor de vous,
Vous qui étiez si près de moi,
Je me souviens encor de vous,
Vous qui êtes si loin de moi,
Je me souviens encor de tout,
Il m'en reste un arrière-goût ;

J'ai grand besoin de réconfort,
Car je n'ai plus l'espoir de vous,
J'ai connu des moments si forts,
Que je souhaite vous revoir vous,
C'était des instants si intenses,
Je vous l'avoue souvent j'y pense ;

Parfois quand les amants s'égarent,
En vain ils cherchent le chemin,
Renoncement ils se séparent,
Si aucun ne trouve le sien,
Pour vous j'ai de la tendresse,
Vous représentez ma jeunesse ;

Je me souviens encor de vous,
Il m'en reste un arrière-goût,
Car vous n'êtes plus au rendez-vous,
Je me souviens encor de tout,
Lorsque moi je vous tends la main,
Et que vous passez le chemin.

LA PLUME ET LE VENT

Une petite plume s'envole au vent,

D'une petite brume en tournoyant,

Une petite plume s'envole et tombe,

Sur le bitume tombe et retombe...

Veux-tu m'emporter dans le temps,

À dit ce jour la plume au vent,

Je n' peux plus voler comme avant,

Car j'ai connu moult océans,

Des pays gorgés de soleil,

Plus jolis que les sept merveilles,

Où l'on retrouve le sommeil,

Jt'en prie fais pas la sourde oreille,

Je peux être très dangereuse,

Redoutable aussi ennuyeuse,

Mais aussi une grande amoureuse,

Qui pourrait te rendre heureuse,

Car moi j'ai plané dans les cieux,

Et connu des jours glorieux,
Au ciel on est près du Bon Dieu,
J'ai toujours aimé les hauts lieux,
Emmène-moi avec mon poids plume,
Il est plus léger que la brume,
J'ai enfilé mon beau costume,
En duvet comme de coutume,
Tu veux voler comme un oiseau,
Répond le vent mais tout là-haut,
C'est un chemin plein de chaos,
Et ça dépend d'la météo,
Ma jolie plume prend garde à toi,
Le tonnerre a des cris d'putois,
Recherche donc un autre toit,
Je suis fatigué de souffler,
Vexée la plume s'en est allée,
En tournoyant comme un ballet,
Traitant le vent de gringalet,
Alors le vent infiniment,
Se mit à souffler en hurlant,

Tout le village ravageant,

Pauvre petite plume emportant…

 «Autant en emporte le vent… »

LE CHEMIN DE COMPOSTELLE

Oh ! L'impossible rêve que celui de partir,

Bouger les habitudes, pour pouvoir s'investir,

Façon de découvrir qui sait un monde meilleur,

Changer le quotidien et retrouver l'envie,

Le p'tit coup de folie qui bascule la vie,

Enfin s'en aller voir ce qui se passe ailleurs,

Ami prends ton bâton ta gourde et ton chapeau,

Une coquille Saint-Jacques en guise de drapeau,

J'ai tracé dans ma tête le chemin de Saint-Jacques,

Et glissé dans ma poche le bon crediencial,

Passeport pour cheminer, sur les voies provinciales,

Je t'invite au voyage, ne charge pas ton sac,

C'est au Puy-en-Velay route de pèlerinage,
Sur la Via Podiensis dans un petit village,
Que sonnera le départ des voies de Compostelle,
Si le doute est permis car le chemin est long,
Il faut dans cette épreuve que point nous reculons,
Dans les grandes abbayes tous les vitraux constellent,

Et si les bâtisseurs ont fait les cathédrales,
C'est bien pour approcher de plus près les étoiles,
Ami marche en silence même si tu as faim,
L'ombre du pèlerin s'inscrit dans les chemins,
Comme la croix de bois veille sur nos lendemains
Pour vivre le bonheur sous l'horizon sans fin,

Ressens-tu la douleur qui te prend les genoux,
Je vois ceux qui riaient quand ils plantaient les clous,
Dans la chair de celui qui un jour s'est fait homme,
Sur ce chemin sacré de pierres et de rameaux,
J'avance et prends mon temps, le fond du ciel est beau,
Preuve que tous les chemins ne mènent pas à Rome,

Le soir nous coucherons dans un vieux monastère,
Cher à tous les « Jacquets » où tout y est mystère,
Pour rejoindre tranquille le col de Roncevaux,
Où tu découvriras la brèche de Roland,
Et si tu as la grâce le son du cor à vent,
Qui circule fugace par les monts et les vaux,

Franchi les Pyrénées le chemin continue,
Sur le chemin français on nous souhaite bienvenue,
Reste quelques étapes pour joindre Compostelle,
Fin de la solitude, autre pèlerinage,
On y rencontre là différents personnages,
Seuls les saints de pierre ciselée de dentelle,

Parlent aux pèlerins, c'est la fin du voyage,
Nous avons vu châteaux, églises et ermitages,
Mais a-t-on pris le temps de voir tout en chemin,
Car cet itinéraire est tant chargé d'histoire,
De légendes et pour moi de rêves prémonitoires
Mais là je vois les tours qui surgissent au loin ;

Oh ! L'impossible rêve que celui de partir,
Bouger les habitudes, pour pouvoir s'investir,
Façon de découvrir qui sait un monde meilleur,
Changer le quotidien et retrouver l'envie,
Le p'tit coup de folie qui bascule la vie,
Enfin s'en aller voir ce qui se passe ailleurs.

LE PETIT RUISSEAU

C'est un petit ruisseau,

Cher à Jean Jacques Rousseau,

Qui s'en vient du coteau,

Dont Langres est le plateau,

Il va se perdre en plaine,

Longe des zones urbaines,

Frôle les quais fleuris,

C'est son sport favori,

Coule sous les ponts jolis,

C'est le coup de folie,

Quand il arrose Paris,

Côté conciergerie,

Il voit dans la blancheur
Du matin les pêcheurs,
Crocher les vermisseaux,
C'est un joli tableau,

Parfois c'est un chapeau,
Qui vole et tombe à l'eau,
Couvre-chef éphémère,
Il ira à la mer,

En passant par l'estuaire,
C'est son itinéraire,
Liquide tu ruisselles,
Mais ta chute est mortelle,

Ta source intarissable,
Si l'homme est raisonnable,
Va renaître à nouveau,
Car le petit ruisseau,

Qui s'en vient du coteau,

Dont Langres est le plateau,

C'est bien sur notre Seine.

Rimant avec Verlaine.

D'après Paul Fort- Ballades françaises

CLIO

Ce soir,

Les mots ne sortent pas, ma muse est contrariée,

Les mots n'arrivent pas, car elle est mal mariée,

«Hâtez-vous lentement, et sans perdre courage,

Vingt fois sur le métier remettez votre ouvrage»

Vient-elle de me dire mais si cela l'amuse,

Sans elle je sais rimer ce doit être une ruse,

Moi en vers je voulais vous déclarer ma flamme,

Et ne porter pour vous qu'une seule couleur

Madame,

Ma muse est contrariée je sens qu'elle est

jalouse,

Fait un burn-out ou bien un coup de blues,

Elle doit être épuisée peut être aurais-je dû,

Modifier mes propos et mes sous-entendus,

Sans doute certains vers qu'elle voyait de travers,
Au diable vauvert qu'elle se paie un trouvère,
C'est dommage Madame, moi je voulais vous dire,
En toute honnêteté mais n'allez pas en rire,
Puis-je encore espérer voir votre anatomie ?
J'aimerais rendre hommage à votre académie

Vous savez que je peux vous donner davantage,
Que de borner mon zèle à des marivaudages,
Et je vous dirais même que pour porter ma flamme,
J'aurai fait des prières au pied de Notre Dame,
Il se fait tard Madame J'arrête mes jérémiades,
Veuillez me pardonner mais ma muse est malade,

Ce soir,

Les mots ne sortent pas, ma muse est contrariée,

Les mots n'arrivent pas, car elle est mal mariée,

De me voir tant souffrir je sais que ça l'amuse,

Oh! Je la vois déjà qui me fait ses excuses,

voyez regardez là danser dans la nuit brune,

Elle me donne un baiser sous un rayon de lune.

LE MARIN

Le vieux matelot fume sa pipe,

Hume la mer et le varech,

Il s'essuie d'un revers la lippe,

Grand et maigre comme le fruit sec,

On peut voir dans ses grands yeux clairs,

Qu'il a le regret de la mer ;

Le matelot aspire le large,

Les souvenirs que la mer garde,

Lui reviennent quand il voit les barges,

Il tire plus fort sur sa bouffarde,

Puis ses yeux de couleur absinthe,

Fixent l'océan qui se teinte ;

Il en a connu des marins,
Au temps de la chasse aux baleines,
Avec Filou et Séverin,
C'était souvent une année pleine,
Et quand il revoyait le port,
Il avait toujours des remords,

D'avoir rompu avec Margot,
Une serveuse au visage blême,
Qu'il fréquentait aux deux Magots,
À qui il avait dit : je t'aime,
En lui parlant d'abordages,
De brise-lames et de naufrages ;

Le matelot fume sa pipe,
Hume son tabac et la brise,
Il s'essuie d'un revers la lippe,
Songe aux hommes que la mer a pris,
Ceux qui ont touché le grand fond,
Qui dorment dans les goémons,

Il se revoit en moussaillon,

Sur le bastingage du bateau,

Responsable du pavillon,

Il préservait les baleineaux,

Mais… On ne chasse plus la baleine,

Les cétacés en ont d'la veine ;

Le matelot vide sa pipe,

Hume une dernière fois le varech,

Il s'essuie d'un revers la lippe,

Grand et maigre comme le fruit sec,

On peut voir dans ses grands yeux clairs,

Qu'il a le regret de la mer,

Demain il s'en ira au port,

Au bar du Quimper Corentin,

Il fixera jusqu'à l'aurore,

L'âme en peine un verre à la main,

L'océan dans un verre d'absinthe,

Pour noyer ses passions défuntes ;

Petite Margot reste sereine,

Si tu croises un jour son chemin,

Petite Margot n'ait pas de haine,

Bien au contraire, donne-lui la main,

Y'a de l'amour en demi-teinte,

De versé dans un verre d'absinthe,

Le bonheur est dans la mer,

N'aie pas de peine.

JARDIN SECRET

Dans mon jardin secret, j'ai arraché des herbes,
Avec quelques regrets, car elles étaient superbes,
Mais lorsque j'ai voulu, ma mie les mettre en gerbe,
Je me suis aperçu, qu'elles étaient mauvaises herbes,

Alors, je les ai jetées aux orties!

Dans mon jardin secret, j'ai semé l'immortelle,
Sous le regard discret, d'une douce hirondelle,
Mais lorsque j'ai voulu, ma mie la mettre en gerbe,
La fleur me dit salut, je suis la mauvaise herbe,

Alors je l'ai jetée aux orties!

Dans mon jardin secret, gisent des feuilles mortes,
Sous le regard discret, de quelques amours mortes,
Et quand vient la saison des frimas et des brumes,
Dans ces brouilards étranges tout mon cerveau s'embrume

Une pierre dans mon jardin!

Mais mon jardin secret est fait comme tout le monde,
Je dois me consoler car ma muse est féconde,
Alors je continue à arracher des herbes
Sachant qu'il y aura toujours des mauvaises herbes.

LA TRAÎTRESSE

Que faites-vous Madame assise auprès de l'âtre,
En train de vous chauffer, sur les flammes rougeâtres ?
À voir vos traits tirés, vos yeux pleins de sommeil,
Je crois bien que vous êtes rentrée bien tard la veille ;

Vous me trompez Madame, c'est une triste nouvelle,
Je vois que vous aimez ma foi la bagatelle,
Vous mettez des regrets dans le cœur du poète,
Dites-moi quelque chose, je vois bien que vous n'êtes

Pas en forme olympique, comprenez ma douleur,
Moi je ne souhaite pas être le bricoleur,
Qui après vos passions répare votre cœur,
Il ne faut pas me prendre pour un enfant de choeur;

Pourtant, quand je vous vois dans le simple appareil,
Je me dis qu'il n'y a pas d'autre corps pareil,
Vous savez que je peux vous donner davantage,
Que de borner mon zèle à des marivaudages

Je sais qu'il faut Madame que votre corps exulte,
Alors faites-moi l'honneur que bien je vous ausculte,
Laissez-moi assiéger, et cela m'intéresse,
Votre mont de Vénus, ardente forteresse;

J'aimerais rendre hommage à votre académie,
Puis-je encor espérer voir votre anatomie,
Pouvoir presser mon corps contre vos jolis seins,
Il me manque souvent de revoir ce lieu saint;

Moi qui suis maintenant tout près de la retraite,
Vous rendez-vous bien compte du mal que vous me faites?
Je dois me contenter d'une épouse volage,
Vous vous imaginez ce qu'on dit au village?

Qui aime bien châtie bien, c'est un marché de dupe,
Si un autre que moi vous fait voler la jupe,
Ne recommencez plus jamais ma bonne Estelle,
Sinon il faudra bien qu'un jour on vous muselle;

Quand je serai sous terre et prendrai mon repos,

Vous pourrez sans doute dire et redire à huis clos,

Mon « Louis me célébrait du temps que j'étais belle »

Allez je te pardonne, il faut aimer sa belle.

L'ANCÊTRE

Il avait dit un jour,
Qu'il en avait assez,
De la vie et des gens,
Un point de non-retour,
Pour retrouver la paix,
Dans ce monde affligeant,

« Quand l'arbre va fleurir,
Vous allez tous souffrir,
Car la rosée de mai
Fait tout beau ou tout laid »

Il avait dit un jour,
Qu'il avait fait son temps,
Vous verrez, vous verrez,
Ce monde devenir sourd,
Je vois qu'au fil des ans,

Tout ne fait qu'empirer,
« Mais qui sera saura,
Quand l'arbre pommera,
Vous allez tous souffrir,
Gardez votre sourire »

La vie reprend ses droits,
Moi je ne veux plus être,
Qu'un point de non-retour,
Je deviens maladroit
Nous avait dit l'ancêtre,
Mais où sont mes amours ?

« Vous verrez vous verrez,
pas de miséréré,
ni de demi-mesure
Quand les blés seront murs… »

Une dernière malice,

Je ne veux sur ma tombe,

En guise d'épitaphe,

Vous en serez complice,

Que la feuille qui tombe,

Surtout faites bien gaffe,

Sans l'ombre d'une croix,

Car je n'ai plus d'espoir,

Quand l'arbre pommera,

Mes chers enfants je crois,

Préparez vos mouchoirs,

Après bon débarras.

Ainsi qu'il l'avait dit, il partit doucement un beau jour de juillet faire son long voyage…

L'ARMOR BLUES

J'entends la cornemuse qui sonne pour les marins,
Une sorte de blues pour tous ceux qui sont loin,
Lorsque le jour se meurt le matelot s'endort,
Au bar de chez Simone cherchant le réconfort,
En rêvant dans sa bulle qu'il voit Madame Dupont,
Prise dans ses filets au bout de son harpon,

Déjà petit enfant faire des jeux dans la vague,
Ensuite adolescent partir avec les dragues,
Coup de tête s'engager, avoir du vague à l'âme,
Sous ce morne horizon entre tempêtes et lames,
Sentir le vent gémir sur la blanche rivière,
Souffle géant rentrant jusqu'au fond de la mer,

Refaire la belle histoire de la langue bretonne,
Le sens obligatoire pour tous les autochtones,
Voilà l'itinéraire d'un enfant peu gâté,
Qui vogue sur les flots et voudrait t'épater,
Crier terre terre, enlever ton jupon,
Et puis ne plus m'en faire comme de colin-tampon,

Puisque le capitaine est le seul maître à bord,
Nom d'une pipe je t'emmène sur le 'copain d'abord',
Allons ma belle amie, filons vite à l'anglaise,
Pour apprendre à danser enfin la paimpolaise,
Entrons dans la lumière de mon catamaran,
Rallumer les étoiles au gré de ce bon vent,

Là tu verras tellement, de bleu sur l'océan,
Que tu t'y sentiras le maître de céans,
C'est un rêve d'enfant, faire une croisière d'un an,
Après rien ne sera, plus du tout comme avant,
Je sais que les marins recherchent un sémaphore,
Ma bouée de sauvetage est de t'aimer très fort

Pour ne plus ressentir le mal de l'Armor Blues,
Sache que c'est la mer que tous deux on épouse,
Souffle géant venant du fond de l'estuaire,
Qui vient briser les roches et rochers de sorcière,
Mais s'en vient caresser le sable à marée basse,
D'une infinie douceur et avec tant d'audace,

J'entends la cornemuse qui sonne pour les marins,
Une sorte de blues pour tous ceux qui sont loin,
Le marin dans sa bulle pense *aux amours d'un jour,*[3]
En s'disant que demain sans doute *il fera jour,*[4]
Puis accoudé au bar, le matelot s'endort,
Près du chat qui ronronne cherchant le réconfort.

---

[3] Référence à Paul Fort (La marine)
[4] Référence à Paul Fort (La marine)

L'HEURE EXQUISE
(Hommage à Jacques Brel)

Petite fille d'Ève,

Si tel est ton rêve,

Allons aux Marquises,

Goûter l'heure exquise,

Mais il se fait tard,

Partons sans retard,

À ce que l'on dit,

C'est le paradis,

Pas de turbulence,

Beaucoup de silence,

Sous ce ciel immense,

Alors je m'élance,

Dans l'eau bienfaisante,
Toute affaire cessante,
Tu sais le grand Jacques,
C'est là qu'il bivouaque,

Il fait même la fête,
Le soir à Papeete,
Son coeur est si large,
Qu'il va prendre le large,

Avec son trois-mâts,
Fait du cinéma,
Lui et sa Mad'leine,
Ils en ont d'la veine ;

Ne se quittent pas,
Elle guide ses pas,
Sous ce ciel immense,
Je suis en vacances,

Sans toi je suis seul,
Lui dans son linceul,
Parle des Flamingants,
De Marièke et Gand,

Petite fille d'Ève,
On a fait un rêve,
Mais Brel n'est pas mort,
Seulement il dort,

Partis en vacances,
Sous ce ciel immense,
Goûtons l'heure exquise,
Des îles Marquises,

Jacques me l'avait dit,
C'est le paradis,
Enfin la totale,
Viens je m'y installe.

MA PETITE LUMIÈRE

C'est un sentiment oublié,

Qui me met dans une mauvaise passe,

Sur la route du temps qui passe,

Et revient pour me crucifier…

J'ai une petite lumière, que les autres n'ont pas,

C'est mon point de repère, elle me suit régulière,

Et luit dans l'atmosphère, mais on ne la voit pas,

Car qui cherche la lune, ne voit pas les étoiles,

Je sais qu'elle me protège, dans l'ombre et la lumière,

Pourtant je voudrais bien qu'un jour elle se dévoile,

Heureux qui comme *ET.* retrouve sa maison, [5]
Cette petite lumière me parle de Voltaire,
C'est une muse féconde à toutes les saisons,
Qui m'évite de prendre des chemins de traverse
M'inspire chaque jour, et puis pourquoi le taire,
Me rends souvent bien triste et cela me bouleverse,

Parfois elle m'interpelle, me berce de musique,
Cite des métaphores, parle de mon ignorance
Des choses de la vie, à des regards critiques,
Sait me réconforter quand je suis crucifié,
C'est une bougie phare surtout une espérance,
Enfin l'alter ego en qui je peux me fier,

---

[5] Référence à Du Bellay

Si l'asile le plus sur est le sein d'une mère,
Moi je suis comme ET. Je cherche la maison,
Comme une rose trémière qui cherche la lumière
Sort de l'obscurité, et perd tous ses pétales,
Sous un soleil torride à la belle saison,
Parce qu'elle est trop fragile et très sentimentale,

Ma petite lumière maman c'est toi !
Mais j'ai toujours *le cœur à marée basse.* [6]

---

[6] Référence à Jacques Brel

MA PLUME

L'écriture est dit-on un plaisir solitaire,
Par chance avec le temps elle devient salutaire,
Presque tous les peuples sont entrés dans l'histoire,
Transmettre la pensée pour qu'elle reste en mémoire,

Ma plume s'envole au gré de mon inspiration,
L'encre n'a pas vieilli malgré l'introspection,
C'est normal à mon âge d'admettre quelques ratures,
C'est un sergent major, plume sans fioriture,

Fidèles images enfouies au fond de ma mémoire,
Tout d'un coup ressorties d'un magique grimoire,
Spirales ou labyrinthes, mon beau stylo s'emballe,
Comme si je rencontrais la princesse de Lamballe,

Le joli parchemin n'est plus que gribouillis,
Vu mon inexpérience dans ces premiers écrits,
C'est la première arête je décrochais la lune
Apparences trompeuses qui n'ont pas fait la une,

Ma plume s'envole au gré de mon inspiration,
L'encre n'a pas vieilli malgré l'introspection,
Mais à chacun sa plume et son bout de chemin,
L'important c'est que toi tu me donnes la main,

Tant va ma plume au vent pour taquiner la rime,
Pour couvrir le papier de ces mots qui m'animent,
Franchiront-ils le temps, nul ne peux le savoir,
C'est ce que je demande, essayons donc pour voir.

NOM D'UN CHIEN
A MORGANE

Ce chien à poil frisé paraissait en détresse,

Il devait sans nul doute avoir cassé sa laisse,

C'était peut-être bien un chien de commissaire,

Qu'avait été perdu par son propriétaire;

Je le sentis tellement en état de tristesse,

Qu'à toutes jambes aussi avec délicatesse,

J'enlevais l'animal et m'en revint chez moi,

En ayant un peu peur qu'on me montre du doigt,

Profitant que le jour soit entre chien et loup,

Avec pour tout bagage sa petite gueule de loup;

Sitôt que j'eus franchi la porte du logis,

La bête se mit en quête de mon joli tapis,

Nom d'un chien il jappait, il hurlait aboyait,
Je n'en revenais pas et restais stupéfait,
De le voir me fixer en bon chien de faïence,
Pensant que je voulais me donner bonne conscience;
Je lui donnais de l'eau et quelques friandises,
Il me mordit la main avec ses incisives,

Mais il ne fallait pas que je le brutalise,
Si je voulais qu'enfin ce chien se tranquillise;
Quand il fut bien calmé, je vins le caresser,
Il me fit quelques lèches pour me récompenser,
Je dois dire que c'était un caniche femelle,
Et que déjà mon cœur battait très fort pour elle;

Nom d'un chien mais dis-moi comment t'appelles-tu?
Ne me regarde pas de ces yeux abattus,
Tu es bien élégante, je te nomme Marquise,
Car tu as bien du chien et tu es fort exquise ;
Depuis tous deux vivons en bonne intelligence,
Je bénis tous les Dieux et puis la providence,

De l'avoir recueillie, j'en ai fait une amie,
Je la retrouve souvent à demi-endormie,
Les pattes repliées couchée en chien d'fusil,
Au moins cette petite bête n'ira pas au chenil,
Et si l'idée lui vient d'faire l'école buissonnière,
Je la garde avec moi dans ma garçonnière;

Il faut que je vous dise, je vous le donne en mille,

Je l'ai moi-même dressée par méthode assimile,

Je crois que si elle voit de nouveau l'commissaire,

Celui-ci se fera bien mordre l'annulaire,

Je me garderais bien, de conter l'autre histoire,

Elle ne fait pas partie du tout du répertoire.

LE TEMPS DES AMOURETTES

Qu'il est doux de revenir

Au pays de son enfance,

Qu'il est doux le souvenir

Les endroits de sa naissance,

Même si tout a changé, je sens mon cœur en transe,

Un drôle de phénomène, qui sait une délivrance;

J'ai retrouvé dans le grenier,

Un cahier vieilli par le temps,

C'était mon cahier d'écolier,

Mais où sont mes amours d'antan ?

J'ai revu le grand champ de blé,
Où venait chanter l'alouette,
C'est là qu'un jour il m'a semblé,
Que je t'avais compté fleurette;

J'eusse préféré te retrouver,
Toi ma petite blondinette,
Mon rêve reste inachevé,
Tu pris la poudre d'escampette;

Dans la vie il faut rebondir,
Mais comment retrouver ta trace
J'ai tellement de choses à dire,
Tout pourrait reprendre sa place;

C'est à l'automne de la vie,
Qu'on fait le parcours de l'enfance,
Comme un grand accès de folie,
Mon cœur est toujours en errance;

Je ne vois plus le champ de blé,
C'est le miroir aux alouettes,
J'avais simplement oublié,
Le joli temps des amourettes;

Il n'est plus doux de revenir
Au pays de son enfance,
Il n'est plus doux le souvenir
Des endroits de sa naissance,

Même si tout a changé, je sens mon cœur en transe,
Un drôle de phénomène, en cette circonstance.

L'ÉPÉE DE DAMOCLÈS

L'épée de Damoclès depuis notre naissance,

Tourne autour de nos têtes et ne tient qu'à un fil,

Mythe ou réalité, on prend tous conscience,

Que nos petits bonheurs restent souvent fragiles,

La vie change tout le temps, rien n'est jamais pareil,

Tout peux donc s'arrêter du jour au lendemain,

En hommes responsables restons bien en éveil,

Le bonheur peut partir sans nous donner la main,

Quant au malheur-personne, ne souhaite le ramasser,

Haro sur le baudet, jetons-le donc aux lions

Les malheurs évités qu'ils restent dans le fossé,

Alors saisis ta chance toi l'ancien tabellion,

Le bonheur de ton âge c'est de savoir vieillir,
Rimer avec sagesse, car tout se fane et meurt,
Vivre tes derniers jours en trouvant du plaisir,
Faire encor des projets et nier cette rumeur

Qui court sur ce glaive autour de nos têtes,
Car nous devrons bien tous la franchir la rivière,
Triste réalité qu'il faudra qu'on admette,
Mais de l'autre côté avec l'âme légère,

Jeunots ou vieux fourneaux le temps s'en chargera,
Miroir mon beau miroir livre moi ton secret,
Dis-moi par quelle porte mon âme s'envolera,
Ainsi que j'ai vécu je resterai discret.

LES POÈTES

Disparus ou vivants, les poètes chevelus
Ont marqué nos mémoires avec leur répertoire,
Ils font la pige au temps, car on les a tous lus,
Puissent ces quelques vers enfin leur rendre gloire,

Ils traversent le temps, assis sur leur nuage,
On dit qu'ils ont mille ans, ils sont un peu volages,
Entre leurs quatre murs, ils font des songes obscurs,
Pour eux l'amour en cage, n'est pas une sinécure,

S'ils trempent volontiers, la plume dans les larmes,
C'est qu'à la vérité, ce sont leurs seules armes,
Pour aller un peu plus se perdre dans l'absinthe,
Faisant rimer matin dans une dernière étreinte,

Ils taquinent la muse, pêchent dans les étoiles,
Mêlent leurs amours mortes d'un parfum de scandale,
Et vivent leur bohème, plus vite que le vent,
Parfois jusqu'au blasphème, ce sont des survivants,

Qui connaissent l'angoisse, de ces affreuses nuits,
Du papier blanc qu'on froisse, à l'approche de l'ennui,
Nous parlent de la mort comme tu parles de la vie,
En faisant des sonnets qui rendent l'âme ravie,

Rêvent souvent de partir, une plume à la main,
Surtout ne pas vieillir, devant leur parchemin,
Et quand ils meurent enfin, sont portés au pinacle,
C'est le mot de la fin, leur tout dernier spectacle.

Disparus ou vivants, les poètes chevelus
Ont marqué nos mémoires avec leur répertoire,
Ils font la pige au temps, car on les a tous lus,
Puissent ces quelques vers enfin leur rendre gloire.

LA BELLE RANDONNÉE

C'est un chemin de pierre qui longe la rivière,
Il est très tortueux et rempli d'ornières,
Se perd dans le maquis le thym et la lavande,
Avec des fleurs sauvages plus que l'on en demande,

De rouges coquelicots garnissent les massifs,
Où passent quelques chiens qui sont non agressifs,
Mais gardent les moutons, protègent les troupeaux,
Encadré d'un berger qui nous attend là haut,

Ce chemin je le prends comme un loup solitaire,
Quand parfois je me sens malheureux sur la terre,
Pour rejoindre au sommet en pleine zénitude,
Mon ami le berger, vivre sa solitude,

Alors lorsque je vois planer dans la vallée,
Les beaux oiseaux de nuit qui s'en vont par volées,
Dans la pâle blancheur d'un matin éblouissant,
J'ai envie d'essayer d'atteindre le versant,

Le temps s'est arrêté comme s'il était en pose,
Je prends mon sac a dos, c'est à peine si j'ose,
Quitter ce bel endroit, si beau si merveilleux,
Devant cet inventaire que j'ai devant les yeux,

Ici point de béton, l'horizon est sublime,
Mon Dieu que l'on est bien parmi les hautes cimes
Pour savourer enfin un peu d'éternité
Dans ce profond silence et cette immensité.

BLANCHE COLOMBE

Je pense à la blanche colombe,

Qui sans arrêt parcourt le monde,

Ce n'est que partout hécatombes,

Elle nous envoie de bonnes ondes,

Mais n'arrive pas à se poser,

Et ne peux pas se reposer,

Alors pour oublier,

Ferme les yeux sur mon épaule,

La vie n'est pas toujours très drôle,

Viens avec moi chante et danse,

Au rythme de ton corps qui balance,

Danse jusqu'au bout de la nuit,

Tu oublieras vite tes ennuis,

Comme le clair de lune tu es blanche,
Et peux te rattraper aux branches,
Mais sous ta robe de satin blanc,
Il y a des regards insolents,
Le duvet de la blanche colombe,
Sur ta belle poitrine tombe,

Alors pour oublier,

Si la vie n'est pas toujours drôle,
Love-toi contre mon épaule,
Pour éponger tous tes soucis,
Allons jusqu'au bout de la nuit,
Je veux voir ton corps qui balance,
Dans la douceur des turbulences,

La colombe a été blessée,

Elle veut maintenant se reposer,

Sais-tu qu'elle est à l'agonie?

Une chose que personne ne nie,

Mais savez-vous qui a tiré?

Mais savez-vous qui a tiré?

Un matin de ce froid dimanche,

Il y a une colombe blanche,

Qui a pu se poser enfin,

Elle nous a dit qu'elle avait faim,

J'ai pensé à Apollinaire,

Et à ceux partis à la guerre,

Alors pour oublier,

Si la vie n'est pas toujours drôle,

Love-toi contre mon épaule,

Pour éponger tous tes soucis,

Allons jusqu'au bout de la nuit,

Je veux voir ton corps qui balance,

Dans la douceur des turbulences.

LUNE, DONNE-MOI LA CLEF

Lune,

Face visible ou bien cachée,

Comme un météore accroché,

Blanche lune ou bien clair de lune,

Quart de lune puis demi-lune,

Tu m'interpelles donne-moi la clef,

Le code du ciel étoilé,

Lune,

Donne-moi la clef qui manque,

Je voudrais être saltimbanque,

Pour faire le rêve de partir,

Bouger les choses m'investir,

Découvrir un monde meilleur,

Aller voir ce qui s'passe ailleurs,

Lune,
Donne-moi la clef qui manque,
Je voudrais être saltimbanque,
Pour encor dire des fadaises,
Aller courir sur les falaises,
Jouer les papillons de nuit,
Et surtout éviter l'ennui,

Lune,
Donne-moi la clef qui manque,
Je voudrais être saltimbanque,
Avoir ce p'tit coup de folie,
Atteindre ma Terre-Adélie,
Afin de retrouver l'envie,
Qui va faire basculer ma vie,

Lune,

Face visible ou bien cachée,

Comme un météore accroché,

Lune blanche ou bien clair de lune,

Quart de lune puis demi-lune,

Tu m'interpelles donne-moi la clef,

Le code du ciel étoilé.

«Qui regarde la lune ne voit pas les étoiles»

AVEC DES SI

Mais que serait-il advenu,

Si je ne t'avais pas connu ?

Le hasard est inattendu,

« Lanturette et lanturlu ».

Avec des si c'est le destin,

Une image à peine entrevue,

Qui fait les amours clandestins,

Cela nous prend au dépourvu,

Toi ma compagne de voyage,

Puis-je faire un bout de chemin,

Pour voir les jolis paysages,

Et ensuite effleurer ta main;

Avec des si on peut refaire,
C'est le temps de l'arrière-saison,
Avec des si on peut défaire,
Quand on est plus au diapason ;

Avec des si mes mains s'égarent,
Et ton esprit bat la campagne,
Tu es sur le quai d'une gare,
Je fais des châteaux en Espagne,

Avec des si nos corps se mêlent,
Mais c'était au temps révolu,
Dans ma tête tout ça pêle-mêle,
« Lanturette et lanturlu » ;

Bien entendu j'en suis fort aise,
Mais que serait-il advenu,
Tout cela n'est qu'une hypothèse,
Si je ne t'avais pas connu ?

Toi ma compagne de voyage,

Je souhaite faire un bout d'chemin,

Pour voir les jolis paysages,

Et ensuite caresser ta main,

Sachant que l'on est de passage

Puisque le Bon Dieu l'a voulu?

Que le temps griffe nos visages,

« Lanturette et lanturlu ».

« *DIGUE DONDAINE LA FONTAINE* »

Pour aller boire à la fontaine,
Elle avait mis ses beaux sabots,
Elle savait qu'elle était vilaine,
Mais elle voulait jouer les bimbos,

Dans l'eau de la fontaine elle a,
Défait ses cheveux dans le vent
Puis son jupon, se déchaussa,
Rentra dans l'eau claire en riant,

Voulant se rafraîchir un brin,
Vint le Jeannot remplir son seau,
Qui se mit à crier de loin,
Veux-tu bien sauter le ruisseau,

Avec moi, je suis dans la peine,
De te voir nue moi je gamberge,
Entends-tu chanter les sirènes,
Viens vite nageons vers l'autre berge,

Quand elle s'en revint au village,
La belle n'avait plus de sabot,
Elle avoua prenant de l'Âge,
Qu'elle les avait perdus dans l'eau,

C'est ce que racontent les anciens,
Le soir près de la cheminée,
Parait qu'à la Saint Valentin,
Des filles s'en vont après diner,

Chercher de l'eau à la fontaine,
En mettant leurs plus beaux sabots,
Espérant bien être vilaines,
Afin de les perdre dans l'eau,

« Digue dondaine » la fontaine,
Quand on aime c'est pour de bon,
« Digue dondon digue dondaine »
Moi je t'aime pour de bon!

LA CHAPELLE

Je connais une chapelle,

Enfouie au fond des bois,

Son choeur ouvert au ciel,

Et son toit de guingois,

Abritent un bouleau grêle,

Ami des hirondelles ;

Cette petite chapelle,

N'a ni croix ni clocher,

L'arbre lui sert d'autel,

Ici l'on vient chercher,

Le silence de l'ombre,

Parmi tous ces décombres ;

Je connais une chapelle,

Enfouie au fond des bois,

Ne lui restent fidèle,

Que les biches aux abois,

Qui s'en vont une à une,

Boire l'eau les soirs de lune;

Parfois une voix m'appelle,

Pour conjurer le sort,

Je pense à ma chapelle,

Qui fut mon réconfort,

Quand sonnait l'olifant,

Lorsque j'étais enfant;

J'y venais avec elle,

Frissonner sous les lierres

À l'azur de son ciel,

Assis sur une pierre,

On se parlait d'amour,

Jusqu'à la fin du jour ;

Je sais une chapelle,

Enfouie au fond des bois,

Qui souvent me rappelle,

Les beaux jours d'autrefois,

Son choeur ouvert au ciel,

Abrite un bouleau grêle;

Elle n'a pas de clocher,

L'arbre lui sert d'autel,

Si tu viens t'y cacher,

À l'azur de son ciel,

Elle sera étranger,

Ta cabane du berger.

D'après: « Ballades Françaises » de Paul Fort

HÉLOÏSE

Les dieux sont contrariés le temps est à l'orage,
La fête a commencé dans ma tête je voyage,
Danse sage Héloïse, danse l'amour du vin,
Ce soir tu seras mienne, quitte ton échevin

Pour me rejoindre enfin modeste troubadour,
Qui n'suis qu'un crève-la-faim, mais pour toi meure d'amour,
J'ai mis dans ma charrette romances et pastourelles,
Et ma muse est féconde en ces temps de gabelle,

Le vers et la césure sont mes armes de guerre,
Je ne me battrai point comme le faisait naguère,
Tous les preux chevaliers, la rime est ma seule arme,
Qui peut faire couler sur ta joue quelques larmes,

Danse douce Héloïse, danse l'amour du vin,
Ce soir tu seras mienne, quitte ton échevin,
En écoutant ces mots la belle fut conquise,
Et se dit qu'elle allait passer des heures exquises

Alors n'y tenant plus, et s'armant de courage,
La Dame s'en alla rejoindre l'attelage,
Émerveillée de tant, de bonheur de douceur,
Tout en sachant déjà qu'elle trouvait l'âme sœur,

Danse mon troubadour, danse l'amour du Vin,
Tu as ravi mon cœur, je quitte l'échevin,
Dès ton premier regard j'ai prié Notre-Dame,
Ce soir je serai tienne tout dévoué à ton âme,

Dans les lignes de la main j'ai vu des lendemains,
En marchant on se doit d'inventer le chemin,
Il sera long sinueux, c'est notre destinée,
Le tocsin sonne au loin, nous sommes condamnés,

À quitter le pays, je les entends marcher,

Sur le pont du château il faut nous dépêcher,

Alors n'y tenant plus, ils partirent pour Cythère,

Heureux et soulagés de quitter cette terre.

LA FLEUR BLEUE

Une fleur bleue s'est échappée,

D'un site de poésie,

Pour fleurir avec toupet,

Sur une plage de l'Italie,

Pourquoi a-t-elle poussé là,

Nul ne le sait bien ma foi,

Elle voulait donner le la,

La petite fleur d'autrefois,

Une fleur bleue s'est échappée,

D'un site de poésie,

Pour fleurir avec toupet,

Sur une plage de l'Italie,

Alors sans faire de scandale,
J'ai respiré la fleur bleue,
J'ai effeuillé ses pétales,
En priant qu'elle m'aime un peu,

Je lui ai ouvert mon cœur,
Des mots difficiles à dire,
Elle m'a dit d'un ton moqueur,
Votre doux regard m'attire,

Quelle différence y a-t-il,
Entre l'amitié l'amour?
Avec un regard subtil,
On dit qu'le temps tue l'amour,

L'amitié dure plus longtemps,
Parait que c'est une étoile,
Et nous sommes trop distants,
Continuons donc sur la toile,

Lui répondis-je en riant,
Joie fleur je suis trop vieux,
Je serai mauvais amant,
Et j'habite à mille lieues,

Alors sans faire de scandale,
J'ai respiré la fleur bleue,
J'ai effeuillé ses pétales,
En priant qu'elle m'aime un peu

Puis l'ai mise dans mon cahier,
De poésie de regrets,
En la gardant bien séchée,
Dans mon beau jardin secret,

Conservant les petites graines,
Entre l'amitié toujours,
Pour une floraison prochaine,
À la saison des amours,

Une fleur bleue s'est échappée,

D'un site de poésie,

Pour fleurir avec toupet,

Sur une plage de Normandie…

FUREUR DE VIVRE

Je m'en souviens encor comme si c'était hier,
Au temps ou l'on faisait l'école buissonnière,
Noir ou technicolor j'aimais Nathalie Wood,
Je revois tout cela, l'âge d'or d'Hollywood,

Marlon Brando Elvis, c'est toute ma jeunesse,
La fureur de vivre sa vie avec ivresse,
Mais lorsque je voyais James Dean me séduire,
Il arrivait soudain un train nommé désir,

Une jeunesse en crise, adultes défaillants,
La passion de vivre de jeunes adolescents,
Alrs quand Marilyn paraissait s'envoler,
On n'entendait même pas une mouche voler,

Nous écoutions Elvis, beaucoup de rock and roll,
Et lorsqu'un bon copain se noyait dans l'alcool ,
On le réconfortait en écoutant Satchmo,
Tout en riant sous cape de nos bons jeux de mots,

Chanter l'espoir du noir au milieu de la nuit,
Était une façon de vaincre notre ennui,
Nous étions des rebelles frondeurs et insoumis
Et changions sans arrêt de petites amies,

Il s'est bien envolé le temps de mes vingt ans,
Tourne tourne le temps, parti avec le vent,
je conjugue le mot vieillir à tous les temps,
Particulièrement au temps du cerf volant.

LETTRE À UNE INCONNUE

Lumineuse aérienne, vous passez comme une reine,
Devant moi et lorsque, le vent lève le voile,
Alors je me dis que vraiment c'est une aubaine,
Car vos yeux me transpercent, filants comme l'étoile,

Le hasard bien souvent est un doux rendez-vous,
J'aimerai vous revoir, je ne vous connais pas,
Immobile je reste, Madame au garde à vous,
Vous avez tellement de merveilleux appâts,

Moi qui ne connais pas le son de votre voix,
Je l'invente chaque jour, car la voix est l'amour
Avant d'être regard, et je reste sans voix,
Prostré ma chère amie jusqu'aux pâleurs du jour.

« L'amour est dans la voix avant d'être avoué par le regard.» [7]

---

[7] Citation de *Honoré de Balzac*, Ferragus - 1833.

CHUT ... JE RÊVE !

La pluie fine du petit matin,
Fait ressortir l'odeur des pins,
Ressemblant aux bonbons menthol,
Que l'on me donnait à l'école,

La pluie fine du petit matin,
Coule sur ma veste de satin,
Je cours je vole sur les chemins,
À la recherche de ta main,

Il faut sauter le grillage,
Pour cueillir la fleur sauvage,
Nos noms s'emmêlent sur le sable,
Traces de nous inoubliables,

Je vois des larmes sur ton visage,
C'est un drôle de maquillage,
Le vent dépose sur ta joue,
Le sel de mer comme un bijou,

Au rythme des grandes lames,
Qui emporteront nos âmes,
Aux couleurs d'aurores boréales,
Vers un panthéon d'étoiles,

La pluie fine du petit matin,
Coule sur ma veste de satin,
Je rêve encor sur les chemins,
Et recherche toujours ta main …

L'HOMME DU CRU

Il a des cals aux mains d'avoir gratté la terre,
Ridé par le soleil, l'homme s'en fout peuchère,
Il vit pour son domaine, se lève de bon matin,
Pour admirer ses champs qui sentent le crottin,

Attelle encore la grise le jour du premier mai,
Pour vendre ses légumes à la fête du muguet,
Comme il est né ici, et venant de nulle part,
Il y séjournera jusqu'a son grand départ,

C'est un homme du cru, il croit vraiment en l'Homme,
Lui qui par le passé, était bête de somme,
J'admire le personnage, et nous sommes amis,
Voyez-le au travail, pire qu'un tsunami,

J'aime ces paysans qui sentent bon la terre,
Sans se plaindre jamais, savent toujours se taire,
Je connais ces gens-là et moi je dis respect,
C'est en leur compagnie que j'ai trouvé la paix,

Dans un petit village venu du fond des âges,
Disparue mon école, reste le paysage,
Nostalgie nostalgie, je pleure les jours anciens,
Ce pays est le mien, alors je me souviens.

De cet homme du cru qui aime tant sa terre,
Usé par les années qui s'en va comme hier,
Travailler dans les champs chaque jour que dieu fait,
Sans jamais rouspéter et toujours satisfait.

MON ARC-EN-CIEL

Tu es belle comme un Arc-en-ciel,

Tu as le bleu universel,

Un bouquet garni pour mon âge,

Une invitation au voyage,

Tu possèdes les sept couleurs,

Pourtant tu es venue d'ailleurs,

Tu es belle comme un Arc-en-ciel,

Tu as le bleu universel,

La rencontre du feu et l'eau,

Je n'connais pas de ciel plus beau,

Alors viens donc mon phénomène,

Viens plus près de moi ma Chimène,

Moi sur ton mélange de couleurs,

Je serais ton petit bonheur,

Qui nait de la pluie du soleil,

Dans le plus simple appareil,

Entre présent et infini,

Moi je suis en pleine harmonie.

AU PAYS DES ESTUAIRES
LE PONT DE LÉZARDIEUX

C'est une petite rue qui descend vers la mer,
Une voie sans issue qui nous mène au port,
En amont se dessine suspendu haut et fier,
Un pont comme un gréement toutes voiles dehors,

Qui subit les assauts des grands vents dominants,
Entre deux marées hautes et puis deux marées basses,
Sous le cri des oiseaux qui s'en vont poursuivant,
Leurs doux vols en surface tels de grands rapaces,

Le cliquetis des mâts, le claquement des voiles,
S'en venant du chenal s'étend dans la vallée,
Pour t'inciter petit à bien hisser la toile,
Ente eau douce et salée, le sable les galets,

Je sais que tu espères quelques baisers volés,
Près du phare allumé, ce qui est de ton âge,
Je t'invite au voyage, c'est le grand jubilé,
Mets le cap sur l'Armor, faisons-le sans ambages,

Là où les goémons veinent les vieux grès roses,
De leur nacre dorée au Sillon de Talbert,
Je t'offre l'aventure, va y mon petit ose,
C'est ici que la terre va épouser la mer,

Au rythme des saisons, parmi les chemins creux,
Si tu vas cheminer par delà la campagne,
Au détour d'une croix, fleurie d'hortensias bleus,
Tu verras des grands champs, d'artichauts de Bretagne,

Entourés de maisons dites de caractère,
Alors tu penseras, aux membres d'équipage,
Au vu des monastères et roches de sorcières,
Disparus ou partis pour un lointain voyage,

C'est une petite rue qui descend vers la mer,

En amont se dessine suspendu haut et fier,

Un pont comme un bateau surplombant l'estuaire,

Enjambant le Trieux, qui en est la rivière.

DES MOTS ET DES MAUX

J'écris tous mes espoirs,
Quand tu me donnes le la,
Alors c'est l'espérance,

J'écris mon désespoir,
L'orque tu n'es plus là,
Alors c'est la souffrance,

De toi je n'ai plus vent,
Je passe des nuits blêmes,
Existe-t-il vraiment,
Allant jusqu'au blasphème,

Une plume de l'espoir,
Qui écrirait mes maux,
Me ferait entrevoir,
Enfin un jour nouveau,

J'écris tous mes espoirs,
Quand tu me donnes le la,
Alors c'est l'espérance,

J'écris mon désespoir,
L'orque tu n'es plus là,
Alors c'est la souffrance,

De toi je n'ai plus vent,
Ne reste sur ma peau,
Que morsures me brulant,
Comme un ancien bobo.

TABLE DES MATIÈRES

LETTRE OUVERTE 7

ESSAI SUR LE BONHEUR......................11

VA OÙ LE VENT TE POUSSE.................13

L'HOMME EST UNE ÎLE 15

ROUEN LA VILLE AUX CENT CLOCHERS..17

SI TU ÉTAIS… 21

HOMMAGE À GEORGES BRASSENS 23

JE ME SOUVIENS ENCOR DE VOUS 25

LA PLUME ET LE VENT 27

LE CHEMIN DE COMPOSTELLE 31

LE PETIT RUISSEAU 37

CLIO 41

LE MARIN 45

JARDIN SECRET 49

LA TRAÎTRESSE 51

L'ANCÊTRE 55

L'ARMOR BLUES 59

L'HEURE EXQUISE 63

MA PETITE LUMIÈRE 67

MA PLUME 71

NOM D'UN CHIEN 75

LE TEMPS DES AMOURETTES 79

L'ÉPÉE DE DAMOCLÈS 83

LES POÈTES 85

LA BELLE RANDONNÉE 89

BLANCHE COLOMBE 91

LUNE, DONNE-MOI LA CLEF 95

AVEC DES SI 99

DIGUE DONDAINE LA FONTAINE 103

LA CHAPELLE	107
HÉLOÏSE	111
LA FLEUR BLEUE	115
FUREUR DE VIVRE	119
LETTRE À UNE INCONNUE	121
CHUT … JE RÊVE !	123
L'HOMME DU CRU	125
MON ARC-EN-CIEL	127
AU PAYS DES ESTUAIRES	129
DES MOTS ET DES MAUX	133
TABLE DES MATIÈRES	135

Composition réalisée par L'PM Éditions
Imprimé par BoD à Norderstedt
Allemagne

« Pour l'éditeur, le principe est d'utiliser des papiers composés de fibres naturelles, renouvelables, recyclables et fabriquées à partir de bois issus de forêts qui adoptent un système d'aménagement durable. En outre, l'éditeur attend de ses fournisseurs de papier qu'ils s'inscrivent dans une démarche de certification environnementale reconnue. »

Dépôt légal : février 2015
ISBN : 978-2-9544815-5-5